Untersuchungen zur Geschichte des Objektes direkter Steuern

von

Dr. Bruno Moll
Privatdozent für Nationalökonomie an der Universität Kiel

Leipzig
Verlag von Veit & Comp.
1912

Sonderabdruck aus:
Volkswirtschaftliche und wirtschaftsgeschichtliche Abhandlungen
W. Stieda
zum 60. Geburtstage dargebracht

Untersuchungen zur Geschichte des Objektes direkter Steuern [1]

von **Bruno Moll.**

Als etwas Selbstverständliches, was keiner weiteren Definition bedarf, gebraucht die Literatur der Finanzwissenschaft und der Steuergeschichte den Begriff „Vermögenssteuer". Man sollte danach meinen, daß dieser Begriff eindeutig und zweifellos feststände. Indessen zeigt sich bei näherer Betrachtung bald, daß sehr verschiedene Phänomene ihm zugrunde liegen können. Man spricht von den französischen und englischen Vermögenssteuern des Mittelalters, von den mittelalterlichen Vermögenssteuern im Deutschen Reich, in den deutschen Städten und Territorien, von den Vermögenssteuern der Schweiz und der amerikanischen Einzelstaaten in neuerer Zeit. Aber in einem Falle ist es eine Kopfsteuer, im andern eine Immobiliarsteuer, bald wieder eine Steuer auf alle Objekte des Besitzes; hier ist der Kapitalwert, dort der Jahresertrag, anderswo sind beide Modi Bemessungsgrundlage der Steuer. Es dürfte auch dem Kenner der Finanzgeschichte gar nichts Neues mehr sein, daß unter dem Namen Vermögenssteuer sehr verschiedenartige Gebilde verborgen sind. Dennoch erscheint in den Darstellungen selten der Begriff des Steuerobjektes scharf herausgearbeitet, und seltener noch versucht man einmal sich darüber klar zu werden, inwieweit eine Steuer für die Epoche, der sie angehört, eine vollständige Erfassung des Vermögens (im weitesten Sinne, d. h. der wirtschaftlichen Leistungsfähigkeit) bedeutet. Man vermißt z. B. bei Darstellungen mittelalterlicher Steuern gewöhnlich den deutlichen Hinweis auf die an und für sich durchaus nicht selbstverständliche Tatsache,

---

[1]) Quellenangaben sowie eingehendere Ausführungen über die einzelnen Punkte dieser Skizze finden sich in meinen beiden Schriften: „Zur Geschichte der Vermögenssteuern" 1911 und „Zur Geschichte der englischen und amerikanischen Vermögenssteuern" 1912.

daß Handels*gewinn* als solcher nicht von der Steuer erfaßt wird. Und doch sollte strenge Klarheit nach dieser Richtung die Grundlage jeder Steuergeschichte bilden. Denn wie kann man z. B. über die sozialpolitische Bedeutung einer Steuer ein Urteil fällen, wenn man sich nicht zuvor darüber klar geworden ist, welche Einkommensquellen oder Besitzkategorien von ihr getroffen, welche geschont wurden?

Bei Anwendung einer kritischen Methode ergibt sich nun für *die deutschen Territorien bis zum Ende des 14. Jahrhunderts (mit Ausschluß der Städte)* folgendes Bild:

Die Steuer trifft den Grund und Boden, am liebsten nach dem Maßstab der Hufe, aber auch nach dem Morgenmaß. Letzteres gilt besonders im Westen sowie gegen Ende der Periode, überhaupt da, wo die wirtschaftliche Entwicklung relativ fortgeschritten ist. Die Hufensteuer will im Grunde den Ertrag der Güter treffen. Katen und Mühlen werden in einigen Territorien herangezogen. Von einer eigentlichen Bonitierung ist wenig zu merken. Mobilien werden nur hier und da und nur ergänzend besteuert.

Einer besonderen Erörterung bedarf die Besteuerung der Häuser. Die herrschende Lehre dürfte hier kaum aufrecht zu erhalten sein. Eine regelmäßige Besteuerung von Häusern hat wohl während des ganzen Mittelalters auf dem Lande nicht existiert. Einer kritischen Auslegung der Urkunden, welche die Häusersteuer erweisen sollen, halten, wie der Verfasser zu zeigen versucht hat, nur wenige vereinzelte Beispiele stand, aus denen man allgemeine Schlüsse nicht ziehen sollte. Insbesondere kann dann auch die Verbreitung der Gebäudebesteuerung in den Städten nichts für eine solche auf dem platten Lande beweisen. Die Entwicklung ging *dort* ihre eigenen Wege: Häuser und mobiles Kapital spielten in der Stadt eine ganz andere Rolle als auf dem Lande. Ferner hat es, wie *von Myrbach* mit Recht betont, auf dem Lande bis in späte Zeiten nur Burgen und armselige Hütten gegeben, so daß schon a priori eine Gebäudebesteuerung wenig wahrscheinlich wird. Vor allem aber wurde die Hufe als Komplex der verschiedensten Immobilien im ganzen besteuert, wobei man wohl an ihren *Ertrag* gedacht hat; für eine selbständige Häusersteuer bleibt dann aber kein Raum. Die Besteuerung der Kötter beweist auch nicht viel, weil hier die Hütte wohl überhaupt nur als konkrete Erscheinung der wirtschaftlichen Leistungsfähigkeit einer Person aufgefaßt wurde, deren Einkommen man treffen wollte. Nach allem möchte ich annehmen, daß es kein Zufall sei, wenn die spärlichen Nachrichten über ein Vorkommen der Häuserbesteuerung fast nur aus solchen Gegenden stammen, wo die Hufenverfassung wegen eingetretener Besitzeszersplitterung nicht mehr den Steuermaßstab bildete, oder aber aus Gebieten, wo die Häusersteuer eine bloße Ergänzung der Hufenbesteuerung darstellt. Auch in diesen Ländern spricht übrigens nichts für die allgemeine Verbreitung der Häusersteuer.

Wir kommen jetzt zu der Frage, wieweit eine Besteuerung nach Einkünften vorkommt. Eine solche ist anscheinend bei der Kirche beliebt; indessen ist hier sicherlich nur an Grundzinse, Zehnten und Renten, nicht aber an Erträge von mobilem Kapital zu denken.

Eine wirkliche Besteuerung des beweglichen Besitzes — nicht seiner Erträge — finden wir im allgemeinen nur vereinzelt und nur ergänzend. Bei dem berühmten Bedeverkauf von 1281 in Brandenburg und in einer bayerischen Steuerordnung von 1311 werden gewisse Klassen nach ihrem Mobiliarvermögen besteuert. Aber im ersteren Fall handelt es sich nur um Müller, Kossäten und andere Leute, die nicht wenigstens eine Hufe Land haben; sie können ja nicht nach dem gewöhnlichen Maßstabe der Hufe besteuert werden. Im zweiten Falle sind es die Bauleute, also eine Klasse, der selbständiger Grundbesitz fehlt. Im allgemeinen aber ist der Mobiliarbesitz auf dem platten Lande der deutschen Territorien in der Periode bis zum Ende des 14. Jahrhunderts noch frei. Es läßt sich dies auch erklären. Freilich, die oft gehörte Deutung, das bewegliche Vermögen hätte noch keine Rolle gespielt, dürfte kaum zutreffen. Hatte man doch Viehbesitz, Gold, Silber, kostbare Steine und andere fahrende Habe schon in viel früherer Zeit. Eher dürfte der Grund wohl darin zu suchen sein, daß die Hufensteuer eben auf den Ertrag und nicht auf den Wert des Besitzes gerichtet war, einen Ertrag aber damals allein die Immobilien hervorbrachten. Denn Leihkapital spielte auf dem Lande ebensowenig eine Rolle wie der Handel. Aber auch das Handwerk dürfte viel weniger selbständige Einkommenquelle gewesen sein, als vielmehr im Rahmen der Grundherrschaften und Bauernhöfe seinen Platz gehabt haben. Daher also traf die einförmige Hufensteuer dennoch in jener Zeit die ganze wirtschaftliche Leistungsfähigkeit der Subjekte — wenigstens von dem einen Standpunkte des Ertrages, des Einkommens aus gesehen.

Die direkten Steuern in den deutschen Städten des Mittelalters waren ursprünglich Immobiliarsteuern. Dieser ziemlich allgemein anerkannte Satz dürfte zwar schwer auf direktem, induktivem Wege zu erweisen sein; denn alle bisher angeführten Beispiele liefern wohl den Beweis, daß Immobilien besteuert wurden, nicht aber einen strengen Beweis dafür, daß Mobilien nicht versteuert wurden. Indessen spricht so vieles zugunsten der in Frage stehenden Theorie, daß man sie immerhin als eine Voraussetzung von großer Wahrscheinlichkeit hinnehmen darf. Vor allem findet sich nämlich unter den uns bekannten Urkunden bis zur 2. Hälfte des 13. Jahrhunderts keine einzige, die auf das Vorhandensein einer allgemeinen Mobiliarbesteuerung (im Gegensatz zu einer bloß ergänzenden) in einer Stadt hinwiese. Dies kann aber kaum Zufall sein. Betrachten wir ferner die ersten Urkunden, die überhaupt von einer Besteuerung der beweglichen Habe zeugen, so kommen wir wohl zu der Annahme, daß diese Besteuerung bis zur Mitte des 13. Jahrhunderts sich nur ergänzend entwickelt haben dürfte, da wo kein Grundbesitz war, nämlich in der Hauptsache nur bei der Klasse der hörigen Hintersassen. Erst in der zweiten Hälfte des 13. Jahrhunderts tritt deutlich an manchen Orten eine allgemeine Mobiliarsteuer hervor. Die Immobiliarsteuern erfaßten nun außer dem Grund und Boden auch oft die Häuser; ihr Maßstab scheint meistens der Kapitalwert gewesen zu sein — während die ländlichen Immobiliarsteuern selten die Häuser besonders trafen und wohl nach dem Ertrage bemessen wurden. In der Stadt traten eben die Häuser schon früh als selbständige Objekte von Wert hervor, Käufe von Immobilien fanden häufiger als auf dem Lande statt, und Kaufpreise bildeten sich somit eher als dort. Auch konnte die Hufe, deren natürlichster Wertmaßstab der Ertrag war, in der Stadt nicht so lange ihre Bedeutung wahren wie auf dem Lande, weil der ursprünglich landwirtschaftliche Charakter der Städte sich vielfach verlor. Die städtischen Immobiliarsteuern, deren Maßstab uns bekannt ist, wurden nach dem Kapitalwert umgelegt; eine nach dem Ertrage bemessene Immobiliarsteuer dieser Zeit ist nicht nachgewiesen.

Die Frage, wieweit die städtischen Immobiliarsteuern damals die wirtschaftliche Leistungsfähigkeit der Subjekte erfaßten, dürfte schwer zu lösen sein. Ihre Erörterung würde hier zu viel Raum einnehmen.

Den Übergang zur Einbeziehung der beweglichen Habe in die Steuern scheint die Belastung der Renten gebildet zu haben, die übrigens nach mittelalterlicher Anschauung ganz allgemein zu den Immobilien gezählt werden und denen man in der Tat wohl mit Rücksicht auf ihre Gebundenheit in jener Epoche eine Art Zwischenstellung zwischen Mobilien und Immobilien einräumen darf. Sie erscheinen gegen Ende des 13. Jahrhunderts öfter als Steuerobjekt.

Im 14. Jahrhundert ist dann die Mobilarbesteuerung schon häufiger, um im folgenden Jahrhundert gänzlich zur Regel zu werden.

Den verbreitetsten Typus der direkten Steuer im Mittelalter stellt nach den bisherigen Nachrichten der „einheitliche, konsequente" Vermögenssteuerbegriff dar. Ich verstehe darunter den Begriff derjenigen Steuer, welche Reduzierung der gesamten Summe wirtschaftlicher Güter im Eigentum einer Person — gewöhnlich allerdings mit Ausnahmen — unter Abzug der Schulden auf die Einheit des Geldwertausdrucks verlangt. Er liegt gleichzeitig den modernen Ergänzungssteuern zugrunde und ist deshalb der einzige Vermögenssteuerbegriff, den der Laie kennt. Freilich ist er in seiner abstakt konsequenten Form, in der er alle Objekte erfaßt, nicht sehr häufig. Für gewöhnlich sind nämlich irgendwelche Gegenstände befreit, und zwar im deutschen Mittelalter meistens ertraglose Objekte wie Hausrat, Kleider, Betten, Silbergerät, Kleinodien, Pferde, Rüstungen und Vorräte. Heidenhain betont, wie schon im 14. Jahrhundert in manchen Steuerordnungen die feine Unterscheidung zwischen Gebrauchs- und Produktivvermögen besteht; dieselben Gegenstände, z. B. Betten, Pferde, sind je nach ihrer Verwendung zum eigenen Gebrauch oder zum Erwerb steuerfrei oder steuerbar. Die Gründe für die Steuerbefreiung dürften im allgemeinen folgende gewesen sein: 1. Rücksicht auf den fehlenden Ertrag des Gebrauchs- und Verbrauchsvermögens, 2. Rücksichten auf das Existenzminimum, 3. wirtschaftspolitische Motive, 4. politische Motive, 5. steuertechnische Gründe.

Wieweit nun der einheitliche Vermögenssteuerbegriff der

wirtschaftlichen Leistungsfähigkeit gerecht wird, ist allgemein nicht zu bestimmen. Zwar der praktisch seltenere Fall des abstrakt konsequenten Begriffs ohne jede Befreiung (z. B. Basel im 15. Jahrhundert) stellt eine vollständige Erfassung der Besitzobjekte dar, somit eine vollständige Erfassung wirtschaftlicher Leistungsfähigkeit, von einer Seite aus gesehen. Aber doch eben nur von einer Seite aus. Denn unberücksichtigt bleibt die verschiedene Rentabilität von Landwirtschaft, Gewerbe und Handel; der Unterschied zwischen dem Ertrage des Produktivvermögens und der Nutzung des Gebrauchsvermögens; das Hervorgehen von Einkünften aus unsichtbarer Quelle, Arbeit und persönlichen Fähigkeiten. Hier zeigt sich eben, daß nicht jedes Einkommen, jede Quelle wirtschaftlicher Leistungsfähigkeit, sich in der Form des sichtbaren Besitzes ausdrücken läßt. Wir werden es deshalb verstehen, wenn der Gesetzgeber in ähnlichen Fällen — z. B. in den Einzelstaaten der nordamerikanischen Union im 17. und 18. Jahrhundert — den theoretisch höchst bedenklichen, ja einer wissenschaftlichen Prüfung gegenüber unhaltbaren Versuch wagt, jene Einkünfte aus unsichtbarer Quelle wirklich in Form von Besitz auszudrücken, ein Phänomen, das ich mit dem Namen „Phantasiekapitalien" kennzeichnen möchte. Um aber den konsequenten Vermögenssteuerbegriff nicht bloß abstrakt, sondern auch historisch zu würdigen, müssen wir uns darüber klar werden, daß in den meisten Fällen eben doch Befreiungen unproduktiver Gegenstände stattfanden, und daß man Arbeitseinkünfte oft besonders durch eine ergänzende Steuer zu treffen suchte. Demnach dürfte der konsequente Vermögenssteuerbegriff damals doch nicht so einseitig gewirkt haben, wie heute eine bloße Besitzvermögenssteuer ohne ergänzende Einkommens- oder Ertragssteuern wirken würde.

Der einheitliche Vermögenssteuerbegriff ist nicht der einzige im Mittelalter. Neben ihm finden sich Begriffe, die in ihrer komplizierten Struktur so interessant und so für das mittelalterliche Denken charakteristisch erscheinen, daß man sie geradezu für einen Haupttypus mittelalterlicher Vermögenssteuern angesehen hat, obwohl sie nach den bisherigen Nachrichten nur in wenigen Städten vorgekommen sind.

Diese Begriffe sind aber auch deshalb besonders interessant, weil sie große Verwandtschaft mit denen des Auslandes, insbesondere mit den Grundbegriffen der älteren englischen Staatssteuern aufweisen. Ich nenne diese Begriffe „kompliziert e". Für die eine Gattung von Objekten ist hier der Wert, für eine andere der Ertrag, für die dritte ein fester Geldsatz Steuerbemessungsgrundlage. Indessen sind die Kombinationen nicht beliebig und regellos. Niemals wird bewegliches Vermögen nach dem Ertrage besteuert. Dieser Satz gilt auch sonst ganz allgemein für das Gebiet der deutschen Städte im Mittelalter: Eine Einkommensteuer kommt nicht vor, soweit die bisherigen Nachrichten vom Steuerobjekt reichen. Die in älteren Werken als Einkommensteuer gekennzeichneten Erscheinungen gehören vielmehr in Wirklichkeit zu den komplizierten Vermögenssteuerbegriffen, welche die Mobilien nach dem Kapitalwerte erfassen. Dagegen erscheint das Prinzip der festen Sätze bei den verschiedensten Vermögensobjekten, beweglichen wie unbeweglichen.

Die Frage nach der Entstehung der komplizierten Begriffe reduziert sich auf die Frage, warum Ertragsprinzip und feste Sätze in jenen Steuern vorkommen; denn das Wertprinzip ist ja durchaus das Gewöhnliche im deutschen Mittelalter. Die erste Frage hat Bücher beantwortet, wenn er sagt: „Der Boden war im Mittelalter gebunden und schwer realisierbar; er unterlag nicht regelmäßiger Tauschwertschätzung, sondern gewann immer nur in der Form der jährlichen Erträge für die Wirtschaft eine Bedeutung, die zahlenmäßig zu erfassen war. Das Mittelalter schätzte nur den Wert des Ertrages, in welchem die Bedeutung eines Vermögensobjektes konkret in die Erscheinung trat". „Der Ertragswert als Wert des Ertragsobjektes ist eine Abstraktion, die der kapitalistischen Auffassung eines entwickelten Kreditwesens angehört." Dieser Gedankengang kann aufgefaßt werden als eine Anwendung des schon von Rodbertus betonten Satzes vom Rentenprinzip auf das Gebiet der Steuergeschichte: „Die Rente ist das wahre Prinzip des Immobiliarbesitzes, der (Rein) Ertrag ihr einzig richtiger Maßstab". Wenn jene Erklärung nun auch eine überzeugende sein dürfte, so bleibt doch fraglich, warum gerade in der Mehrzahl der mittelalterlichen Städte das Ertragsprinzip nicht vorkommt. Diese Frage dürfte allgemein nicht zu beantworten sein.

Das Prinzip der festen Sätze, das Bücher ebenfalls erklärt hat, bezitzt zwei Formen. Entweder wird gleich ein bestimmter Steuersatz vorgeschrieben, z. B. eine Hufe Landes zahlt 6 Schillinge

Steuer, oder die Bewertung des Objektes wird angegeben, z. B. eine Hufe Landes wird einem Kapitalwert von 14 Mark gleichgesetzt und davon später die gewöhnliche Steuer erhoben. Ein innerlicher Unterschied liegt aber hier nicht vor. Das Prinzip der festen Sätze ist nun wohl zunächst bloß ein formales, dem in den einzelnen Fällen verschiedene Gedanken zugrunde liegen. Wo z. B. unproduktive Objekte (Vorräte, Erträge) einfach nach fertigen Geldsätzen versteuert werden, da kann es sich bloß um einen Modus der Veranlagungstechnik handeln. Um den Schwierigkeiten einer Einschätzung nach schwer zu ermittelnden Kaufwerten oder kapitalisierten Ertragswerten vorzubeugen, um die Neigung des Publikums zu Defraudationen unwirksam zu machen, hat man sich wohl mit solchen Durchschnittszahlen begnügt, die in jenen relativ einfachen Wirtschaftsverhältnissen noch erträglich waren und jedenfalls eine sichere, konstante Grundlage der Bewertung gaben. Anders aber scheint es da zu stehen, wo ertraggebende Immobilien nach einem festen Durchschnittssatze getroffen werden. Dort ist es wahrscheinlich, daß man an den durchschnittlichen Ertrag gedacht hat. Denn eher kann man in einer mittelalterlichen Stadt für ein Einheitsmaß von Landbesitz einen ungefähr gleichen Ertrag als eine Gleichheit der Kaufwerte annehmen. Unterscheiden sich doch die letzteren von den Ertragswerten durch feinere oder gröbere Beisätze mannigfacher Art, die vom einzelnen Fall abhängen und sich nie in eine Regel bringen lassen. Auch die Parallele mit der auf den Ertrag abzielenden ländlichen Hufensteuer liegt nahe. Ähnlich könnte an eine Besteuerung des gewerblichen Ertrages zu denken sein, wo die Fleischbänke, die Stände im Kaufhause usw. nach festen Sätzen getroffen wurden.

Im 14. bis 16. Jahrhundert wurden nach manchen Steuerordnungen die Mobilien doppelt oder dreimal so hoch belastet als der unbewegliche Besitz. Diese Erscheinung ist auf verschiedene Weise erklärt worden. Bald mag der Gedanke an den durchschnittlich höheren Ertrag des mobilen Kapitals, bald die Beobachtung, daß das letztere sich leichter der Besteuerung entzieht, wirksam gewesen sein. Auch die Vorstellung, daß Immobilien und Renten geschont werden müßten, weil in mittelalterlichen Städten die Landwirtschaft noch oft die Grundlage wirtschaftlicher Existenz bildete, wird eine Rolle gespielt haben, wie unter Umständen die wirtschaftspolitische Maxime, zur Anlage des Kapitals im Landbau zu ermuntern.

Wie auf dem platten Lande deutscher Territorien und wie wohl häufig beim Übergang der Städte zur Mobiliarbesteuerung kommen Alternativbegriffe auch noch in späterer Zeit vor. Grundbesitzer versteuern dann nur ihren unbeweglichen Besitz, andere Einwohner nur ihre bewegliche Habe. Indessen scheinen diese Fälle nicht häufig zu sein.

Es kommt nun vor, daß neben dem Besitz auch das Arbeitseinkommen als Steuerquelle gedacht ist. Manche Steuergesetze enthalten eine Progression nach unten, die sich nur als eine gewollte Belastung des Arbeitseinkommens erklären läßt, da es ja selbst im Mittelalter kaum wahrscheinlich ist, daß die untersten Klassen, welche vornehmlich von persönlicher Arbeit lebten, ihren Besitz höher versteuern sollten als die Reichen. Dann kommt zuweilen neben der Besitzvermögenssteuer schon eine unmittelbar nach dem Maßstabe der Jahreslohnes erhobene Abgabe vor, „eine partielle Einkommensteuer". Hier ist der Einkommensgedanke so weit durchgedrungen, daß das Einkommen bereits als Steuerobjekt, nicht mehr bloß als Steuerquelle erscheint. Endlich ist auch die Kopfsteuer aufzufassen als eine Ergänzung der Vermögenssteuer mit dem Zwecke, das Einkommen derer zu treffen, die wenig oder gar keinen Besitz versteuerten. Der Verfasser hat zu zeigen versucht, daß es unter diesem Gesichtspunkte nicht zulässig erscheint, von vornherein alle Kopfsteuern unterschiedlos zu behandeln. Vielmehr dürfte eine Unterscheidung derselben nach dem Gesichtspunkte der subjektiven Steuerpflicht hier unerläßlich sein. In dem Falle nämlich, in dem die Kopfsteuer ausdrücklich nur Unvermögende trifft, ist es klar, daß sie Arbeitseinkommen belasten soll. Auch wo alle Personen kopfsteuerpflichtig sind, wird mindestens bei den Unvermögenden das Arbeitseinkommen Steuerquelle sein. Ähnlich mag es noch gewesen sein, wo alle Haushaltungsvorstände die Kopfsteuer zahlten. Ganz anders aber liegt es, wo nur die zur Vermögenssteuer Verpflichteten, also gerade die Besitzenden, zur Kopfsteuer herangezogen wurden. Hier ist zum mindesten das Arbeitseinkommen der untersten Klassen frei. Es ist übrigens interessant, daß der Ausdruck „Vorschoß" hauptsächlich nur in diesen letzteren Fällen vorkommt. Hartwigs Theorie, der Vorschoß sei keine allgemeine Kopfsteuer, sondern nur eine Zuschlagssteuer für die Besitzenden gewesen, scheint sich daher zu behaupten.

Wenn eine Einkommensteuer[1]) in den deutschen Städten des Mittelalters nicht nachgewiesen ist, so dürfte dies kein Zufall sein. Man kannte noch nicht, ebensowenig wie in England, eine Heranziehung des eigentlichen beweglichen Kapitals nach dem Maßstabe des Ertrages. Die außerordentlich schwankende Natur vieler geschäftlichen Gewinne im Mittelalter dürfte wohl nicht zuletzt als Ursache dieses Mangels anzusehen sein. Daß aber das Ertragsprinzip — bis zu einem gewissen Grade ein Übergang zum Einkommensprinzip — sonst eine bedeutsame Rolle gespielt hat, daß es bald offen, häufiger aber versteckt zu bemerken ist, das habe ich zu zeigen versucht.

Die Entwicklung der direkten Staatssteuern Englands ist eine sehr einheitliche gewesen: Die Immobiliarbesteuerung des letzten Jahrtausend ist ununterbrochen vom Ertragsprinzip (Rentenprinzip) beherrscht, die Mobiliarbesteuerung bis in das 17. Jahrhundert hinein vom Kapitalprinzip. Die englische Steuergeschichte kennt weder den einheitlichen Vermögenssteuerbegriff noch — bis zum Ende des 18. Jahrhunderts — eine Einkommensteuer.

Den Grundsteuern des 11. bis 13. Jahrhunderts — Danegeld (Hidage), Carucagium und Steuer auf das Ritterlehen — dürfte die Vorstellung des rohen Ertrages durchgängig zugrunde gelegen haben. Anfangs mögen sie eben so vollständig in der Erfassung wirtschaftlicher Leistungsfähigkeit gewesen sein wie die deutsche Hufensteuer auf dem Lande, zuletzt, als schon Einkünfte aus Handel- und Lohnarbeit auftraten, mußten sie versagen.

Bei den außerordentlichen Steuern der Jahre 1166 und 1188 (Kreuzzugssteuern) wurden die Immobilien nach der Jahresrente, die Mobilien nach dem Kapitalwerte veranlagt. Es folgt das zunächst aus dem Wortlaut der Steuergesetze. Als Beweis für die Erfassung der beweglichen Habe nach dem Kapitalwerte ist hier wie bei späteren Steuern insbesondere noch die Tatsache anzusprechen, daß unproduktive Mobilien ausdrücklich als steuerbar genannt werden. Wie hätten solche aber nach dem Ertrage besteuert werden können, da sie doch gar keinen Ertrag abwarfen? Von der Fiktion eines Ertrages aber ist noch nirgends die Rede.

---

[1]) Die sogenannte partielle Einkommensteuer kann hier eine Phase in der Entwicklung zur Einkommensteuer darstellen, zählt aber nicht selbst als solche.

Die besprochenen Steuern erfassen nicht die Einkünfte aus Handel, Gewerbe, Leihkapital und Lohnarbeit. Gewinne aus gewerblichem und Leihkapital sind, wenn wir die Urteile der Wirtschaftshistoriker zu Rate ziehen, im 12. Jahrhundert noch selten gewesen. Jene anderen beiden Einkommensquellen aber existieren schon. Beim Handel kann nun freilich an einen gewissen Ausgleich gedacht werden, sofern die Steuern auf die mobilen Kapitalien nominell denselben Steuersatz haben wie die auf Immobiliar — Renten, in Wirklichkeit daher um vieles höher sind. Es könnte deshalb eine indirekte Erfassung der hohen Gewinne aus Handelskapital angenommen werden. Indessen war eine solche Belastung doch höchst roh- und summarisch, und an ein wirkliches Aufsuchen jener Einkommensquelle ist nicht zu denken.

Die Steuern vom beweglichen Vermögen (vom 12. Jahrhundert ab), besonders der sogen. „Fünfzehnte und Zehnte", interessieren uns nur in der Zeit vor ihrer Erstarrung zu Repartitionssteuern. (Im 14. Jahrhundert.) Als eine ihrer wesentlichen Eigenschaften gilt die Tatsache, daß die Objekte fast stets unter dem wirklichen Werte eingeschätzt wurden. Man hat neuerdings versucht, die Steuern des beweglichen Vermögens wenigstens teilweise als nach dem Ertrage bemessene hinzustellen. Allein dieser Nachweis ist nicht als gelungen anzusehen. Der Wortlaut der Urkunden, das schon angezogene Argument einer Besteuerung unproduktiver Objekte und der ganze Verlauf der steuerlichen Entwicklung sprechen gegen die Annahme einer Mobiliarertragssteuer. Der Kapitalwert war vielmehr zweifellos Bemessungsgrundlage. Nur die zuweilen vorkommende enorme Höhe des Steuersatzes scheint in der Tat einer andern Lesart günstig zu sein. Indessen habe ich zu zeigen versucht, daß unter Berücksichtigung aller hier in Frage kommenden Momente jene nominelle Höhe des Satzes bedeutend reduziert erscheinen dürfte. Daß nun eine bloße Mobiliarbesteuerung, wie sie hier gewöhnlich vorliegt, unvollständig bleibt, leuchtet sofort ein; aber auch in den Fällen, wo daneben Renten aus Landbesitz besteuert wurden, fehlt immer noch die Erfassung der Gewinne aus den anderen Einkommensquellen, weil dort nur die Kapitalien belastet wurden.

Die sogenannten Einkommensteuern von 1435 und 1450, die stets als Beispiele mittelalterlicher Einkommenssteuern angeführt werden, verdienen diesen Namen nicht. Und zwar handelt es sich keineswegs bloß um den Namen, sondern um die Sache selbst, das Steuerobjekt. Auch hier fehlt deutlich die Erfassung der Gewinne aus Handel, Gewerbe und Leihkapital. Nur Einkünfte aus unbeweglicher Habe werden versteuert, darunter allerdings die Renten, ferner Einkünfte aus Ämtern und Löhne. Eine zu wenig kritische Auslegung der Steuergesetze und speziell gewisser Ausdrücke (profits, employments), welche hier nur auf Einkünfte der eben genannten Art Bezug haben können, wie sich aus dem Vergleich mit den zahlreichen späteren „Subsidiengesetzen" überzeugend erweisen läßt, hat offenbar zu der bisher herrschenden Ansicht verleitet.

Auch die „Subsidien" im engeren Sinne (im weiteren Sinne sind dies alle Steuern), nämlich die Gesetze der Jahre 1472, 1488, 1496 und gewisse Steuern des 16. und 17. Jahrhunderts, kennen noch nicht die direkte Heranziehung der Einkünfte aus Handel, Gewerbe und Leihkapital. Vielmehr werden die Immobilia nach dem Ertrage getroffen, ebenso Gehälter und zuweilen Löhne nach dem jährlichen Betrage, die Mobilien aber nach dem Werte. Es läßt sich dies aus dem Wortlaut der Gesetze erkennen. In den zahlreichen Sätzen nämlich, in denen von der Bemessungsgrundlage bei den Immobilien die Rede ist, erscheint das Wort „yerely": Wer jährlich so und so viele Pfund hat, heißt es dort. In den zahlreichen Sätzen, in denen vom Objekt der Mobiliarsteuer die Rede ist, fehlt das Wort yerely. Hier heißt es nur: Wer so und so viel Pfund hat an Silber usw. Man bringe nur einen einzigen Fall, wo es heißt: Wer jährlich so und so viel Pfund an Silbergerät usw. hat ... Es kommt hinzu, daß auch unproduktive Objekte zuweilen ausdrücklich von der Besteuerung befreit sind. Wenn aber der Ertrag Steuermaßstab gewesen wäre, wie hätte man dann darauf verfallen können, Gegenstände, die sowieso keinen Ertrag hatten, noch ausdrücklich zu befreien?

Daß England eine Besteuerung der Mobilien nach dem Ertrage im Mittelalter überhaupt nicht gekannt hat — ebensowenig wie die deutschen Städte —, diese Wahrheit wird auch durch die Beobachtung bestätigt, daß bei den „Monatsanlagen" des 17. Jahrhunderts und bei der land tax (Ende des 17. bis 18. Jahrhundert), wo im Gesetz zum ersten Male ausdrücklich auf den Ertrag des beweglichen Vermögens Bezug genommen wird, immer noch nicht die wirklichen, individuellen Einkünfte aus Handel, Gewerbe und

Leihkapital herangezogen werden, vielmehr die Fiktion einer Kapitalisierung eintritt: 100 Pfund mobilen Kapitals werden wie 5 Pfund Rente aus Immobilien versteuert. Man würde doch kaum nachträglich zu einem solchen mechanischen Notbehelf gegriffen haben, wenn eine Einkommensbesteuerung vorher jahrhundertelang geübt worden wäre. Nur einmal erscheint der moderne Einkommensbegriff im 17. Jahrhundert: Bei der Standessteuer von 1640 (1641) werden gewisse Klassen in folgender Weise umschrieben: „Wer jährlich so und so viel Pfund in Land, Renten, Handelskapital und Geld ausgeben kann". Aber das gilt nur für diese einzelne, außerordentliche Steuer und nur bei gewissen Klassen, die nicht zu den höher Besteuerten gehören. Hiervon abgesehen, kann bis zu der berühmten Steuer von 1799 von einer Einkommensteuer nicht die Rede sein. Der Grund dieser für den modernen Nationalökonomen auffallenden Erscheinung dürfte der sein, daß die Gewinne aus Geschäften aller Art noch allzusehr schwankten, um die Vorstellung eines regelmäßigen Ertrages aufkommen zu lassen, weshalb ein solcher nur bei Immobilien, Ämtern und Lohnarbeit deutlich in die Erscheinung trat.

Die alten Staaten der nordamerikanischen Union bis zur Mitte des 19. Jahrhunderts sind für das Studium der Vermögenssteuerbegriffe mehr als irgendein Land geeignet, weil fast alle nur denkbaren Formen der letzteren in ihnen sich finden. Der sichtbare Besitz ist die hauptsächlichste Bemessungsgrundlage.

Die Eigenart der von den amerikanischen Autoren so viel besprochenen faculty tax dürfte nicht in der oft betonten Eigenschaft liegen, daß sie sich mit rohen Durchschnitten begnügt, statt eine genaue individuelle Einschätzung zu verlangen, sondern in der Tatsache, daß in aller Regel nicht ein Einkommen oder ein Ertrag, sondern ein Kapitalwert (oder Bruchteil davon) die Bemessungsgrundlage bildet. Im Grunde freilich ist es gerade Einkommen, was die faculty tax treffen will, Ihr Wesen läßt sich in den kurzen Satz zusammenfassen: Sie sucht Einkommen auf den einheitlichen Nenner des sichtbaren Besitzes zu bringen oder Einkommen in der Form von Vermögensbesitz auszudrücken. Insofern sie bei diesem theoretisch bedenklichen Versuche dem Ermessen der Einschätzer freien Spielraum lassen muß und insofern ihr Objekt in einem gewissen Gegensatz zum Kapitalwert sichtbarer Gegenstände steht, möchte ich den Ausdruck „Phantasie-Kapitalien" anwenden.

Das Prinzip der festen Sätze dürfte von den amerikanischen Autoren etwas zu einseitig beurteilt worden sein. Es stellt nicht immer eine Berücksichtigung des Durchschnittsertrages dar, sondern zuweilen, z. B. bei unproduktiven Objekten, aber auch da, wo bei der Landbesteuerung nur ein fester Satz für ein ganzes Territorium existiert, ein bloßes Mittel der Veranlagungstechnik, bei welchem an eine Berücksichtigung des Durchschnittsertrages nicht mehr zu denken ist.

Das wichtigste Charakteristikum für die Geschichte der Vermögenssteuerbegriffe bleibt in Amerika die schon berührte Tatsache, daß die Steuerbemessungsgrundlage fast stets ein Kapitalwert (oder Bruchteil davon), selten aber etwas anderes ist. Gilt dies für die Form des Steuerbegriffes, für die letzte offizielle Bemessungsgrundlage, so dringt materiell doch das Ertragsprinzip sehr häufig durch. Es zeigt sich das zuweilen in der Ansetzung von Durchschnittskapitalien, soweit solche nach dem obigen eine Berücksichtigung des Durchschnittsertrages darstellen. Es zeigt sich das ferner in der beliebten Differenzierung der Steuerhöhe für verschiedene Besitzkategorien; sei es unmittelbar im Steuersatze oder mittelbar durch die Vorschrift, daß überall nur ein (für die verschiedenen Steuerobjekte verschieden hoch zu bemessender) Bruchteil des Wertes in die Liste eingestellt, zuletzt aber überall der gleiche Steuersatz erhoben wird. Man bewirkt so eine Besteuerung, welche die Vorstellungen von den Differenzen in der Rentabilität der Objekte oder aber die wirtschaftlichen Machtverhältnisse widerspiegelt, man erreicht so insbesondere aber auch gern eine höhere Belastung von (unproduktiven) Luxusgegenständen, und man setzt auf demselben Wege eine Berücksichtigung aller möglichen wirtschaftspolitischen Prinzipien durch. In der besprochenen Erscheinung der Phantasie-Kapitalien liegt eine Berücksichtigung von spezifischem Einkommen vor — aber immer noch ist die Form des Kapitalwertbegriffes gewahrt —, zweifellos eine Überspannung des letzteren. Zuweilen tritt dann das Prinzip des rohen oder reinen Ertrages auch offen hervor, um selbst die offizielle Bemessungsgrundlage zu bilden. Der Einkommensgedanke wird deutlich in den partiellen Einkommenssteuern in den vierziger Jahren des 19. Jahrhunderts.

In dem heutigen nordamerikanischen Bundesstaate wird die

Frage erörtert, ob eine Einkommensteuer verfassungsmäßig sei. Es mögen dabei in Wirklichkeit mehr die politischen und wirtschaftlichen Machtverhältnisse im Spiele sein als eine theoretische Überzeugung, welche wohl nur zum Vorwande dient. Aber wenn behauptet wird, eine Einkommensteuer sei als „direkte Steuer" unkonstitutionell,[1]) so ist eine Stellungnahme hierzu nicht möglich ohne eine Kritik der Steuergeschichte, wie sie denn auch Seligman für diesen Punkt in scharfsinniger Weise gegeben hat — mögen wir immerhin den Nachweis des Satzes, daß im 18. Jahrhundert außer in Frankreich keine Einkommenssteuer existiert habe, bei ihm nicht finden. So zeigt sich, daß kritische Untersuchungen über Begriffe von Steuern, deren erster Zweck ist, Grundlage einer wirklich kritischen Steuergeschichte zu werden, gelegentlich einmal unmittelbar „aktuelle" Bedeutung gewinnen können.

---

[1]) Die Verfassung erlaubt eine direkte Steuer nur, wenn sie die Bevölkerung der Staaten zum Verteilungsmaßstabe nimmt — was bei einer Einkommensteuer so gut wie undenkbar ist.

www.ingramcontent.com/pod-product-compliance
Lightning Source LLC
LaVergne TN
LVHW091733021026
849161LV00003BB/603
* 9 7 8 3 1 1 2 6 8 7 4 5 1 *